Lese-

wesen

erforscht und illustriert
von Juliane Pieper

HEYNE

FSC
www.fsc.org
MIX
Papier aus verantwortungsvollen Quellen
FSC® C017859

Verlagsgruppe Random House FSC® N001967
Das für dieses Buch verwendete FSC®-zertifizierte Papier
EOS liefert Salzer Papier, St. Pölten, Austria.

Printed in Czech Republic 2013
Die Veröffentlichung dieses Werkes erfolgt auf Vermittlung von BookaBook,
der Literarischen Agentur Elmar Klupsch, Stuttgart
Herstellung: Helga Schörnig
Umschlaggestaltung: Hauptmann & Kompanie Werbeagentur, Zürich,
unter Verwendung von Illustrationen von Juliane Pieper
Satz: Vornehm Mediengestaltung GmbH, München
Druck und Bindung: CPI – Moravia Books s. r. o., Pohořelice

ISBN 978-3-453-20013-5

www.heyne.de

Lesewesen

erforscht und illustriert
von Juliane Pieper

Einleitung

Wenn Sie dieses Buch in der Hand halten, gehören Sie bereits dazu – zu den Lesewesen.

Sie haben Lesen in der Schule oder von der älteren Schwester gelernt, und seitdem sind Sie in der Lage, Schriftzeichen in Lautsprache umzusetzen. Oder Symbole in Bilder. Oder Bilder in Gedanken. Oder Trauben in Wein *(siehe Weinlese)*. Oder Gesichtsausdrücke in Gefühle. Das alles umfasst das Lesen.

Wenn wir von einem gebildeten Menschen sprechen, sagen wir auch, er ist belesen. Aber nicht alles, was gedruckt ist, taugt auch etwas:

»Lesen ist kein Wert an sich! Es ist seit Gutenberg viel mehr Schwachsinn gedruckt worden, als das arme Fernsehen in den 60 Jahren seiner Existenz versenden konnte«, schimpft der Medienwissenschaftler Helmut Thoma. Wahrscheinlich hat er nicht die Fernsehsendungen gesehen, die ich gesehen habe, wie »Bauer tauscht Frau«, »Fummelcamp« und »Endlich schwanger mit 14«. Und dieses Buch hat er wohl auch nicht gelesen. Das können Sie jetzt endlich nachholen, Herr Thoma! Ist auch ein Schnäppchen! Ich signier's Ihnen! Echt jetzt!

Herr Thoma?

Sitzt wohl wieder vor der Glotze. Typisch!

Entschuldigung. Aber es erscheinen jährlich circa 100 000 neue Bücher in Deutschland, da muss ich als Autorin recht resolut aus dem Elfenbeinturm herausrufen, sonst liest das ja keiner!

Leo Tolstoi schrieb 1857 in sein Tagebuch: »Beim Lesen lässt sich vortrefflich denken.« Also ist wohl etwas dran, dass Lesen bildet.

Trotz längerer Suche konnte ich das Buch »Klug in 30 Tagen« nirgends finden. Vielleicht schreibe ich es selber, ähem …

Ernährungsführer aber gibt es zuhauf.

»Essen ohne satt zu werden«,

»Globales Küchen-Outsourcing – Indisch essen gehen«,

»Kochen ohne Zutaten«,

»7, 38, 22 – die besten chinesischen Take-Out-Gerichte« und »Bäh – Salz!!!« sind die neuen Trends.

Lesen heute funktioniert anders als früher. So eine richtige Bibliothek hat der moderne Mensch nicht mehr – das Zimmer, das dafür vorgesehen war, ist vollgestopft mit Elektroschrott von technischen Produkten des letzten Monats, die heute schon veraltet sind und 50 Kartons von Online-Bestellungen der Nachbarn, die man freundlicherweise angenommen hat. Da passt kein Buch mehr rein. Und alles muss schneller gehen, auch das Lesen.

Damit der Leser nicht auf Buchwissen verzichten muss, liest er nicht Hunderte von Büchern, sondern nur noch eines: »100 erste Sätze der wichtigsten Bildungsromane«.

»Was ist das. – Was – ist das …« werden Sie sich denken. Und so denkt auch das Dienstmädchen aus Thomas Manns Buddenbrooks, erster Satz.

Gefühle, Gedanken, Krisen – alles was menschlich ist, findet sich in Büchern.

»Wie froh bin ich, daß ich weg bin!«, findet Goethes Werther. Das denke ich auch oft, wenn ich das Finanzamt verlasse.

Natürlich brauche ich als Autorin die nötige Kompetenz, um Ihnen die Typologie der Lesewesen zu vermitteln, die exemplarisch die Vielzahl unterschiedlichster Lesertypen vorstellt.

Deswegen habe ich zur Vorbereitung 895 Bücher gelesen. Auch Donald Duck. Ich habe alle 895 Bücher danach aufgegessen, um sie wirklich zu verinnerlichen.

Ich habe auch Feldstudien betrieben und mich bei lebendigen Lesern im Duschvorhang und unterm Bett versteckt. Ich konnte herausfinden: Der Badewannenleser planscht mit Buch und Quietscheentchen, der Krimileser muss kein irrer Diktator sein, um am liebsten andere töten zu lassen. Schließlich fließt das Blut nur in der Fantasie.

Jetzt schalten Sie bitte den Fernseher an.

Sehen Sie, es kommt nichts! Jetzt schalten Sie ihn wieder aus, nehmen dieses Buch und lesen Sie. Lesen Sie!

Der Zeitungsleser

Der Zeitungsleser nutzt die Zeitung als Tarnung. Entweder ist er ein Spion, zu erkennen an den zwei Löchern in der Zeitung auf Augenhöhe, oder er ist ein überforderter Ehemann. Daran zu erkennen, dass die zwei Löcher fehlen. Er benutzt das Papier als Schutzwand zum Abwehren der Bitte seiner Frau, doch eben beim Metzger die gefüllten Schweineköpfe oder die Kleine vom Ballett abzuholen. Er soll auf keinen Fall das Abendessen bei Koschkes vergessen! Frau Koschke kocht veganen Hackbraten an gedünstetem Brennnesselallerlei! Herr Koschke hat einen Diavortrag über Falschparker vorbereitet!

Ja, die Koschkes sind fade Spießbürger mit einem Wohnzimmer, das im Stil des Gelsenkirchener Barocks eingerichtet ist, auf dessen Couch zwei verzogene Tyrannen-Teenager Dinkelkekse verkrümeln, die Wände schwarz gestrichen, die Fenster ungeputzt, davor die Autobahn. Der Junge riecht nach vergorenen Energydrinks, und das Mädchen hat Allergien.

Nein, damit will der Zeitungsleser nichts zu tun haben und macht es sich lieber hinter, unter oder in seiner Zeitung gemütlich, lässt die Buchstaben an sich vorbeisausen, kuschelt sich in den Wetterbericht, wundert sich über das Kreuzworträtsel, schließt ein wenig die Augen und döst wie ein frisch gestilltes Wombatbaby.

Und manchmal träumt er vom schönen Mädchen auf Seite drei.

Die Arztroman-Leserin ist naturwissenschaftlich interessiert (an Ärzten) und weint gern und viel. Im wirklichen Leben mag sie den unterschiedlichsten Berufen nachgehen. Beim nächtlichen Lesen im Kerzenschein wird sie auf der Kinderstation zur treu-

sorgenden Schwester Julia oder zur Nackt- äh Nachtschwester Anna-Maria – sie trocknet Kindertränen, senkt bei Patienten das Fieber, aber entzündet beim feschen Doktor Nordhoff die Flamme der Liebe. Doktor Nordhoff hat so viel Leid gesehen! Er ist Witwer, seit seine Frau beim Versuch, Robbenbabyschlachtern das Handwerk zu legen, an einer Überdosis Drogen ums Leben gekommmen ist. Ja, sie war heroinabhängig! Doktor Nordhoff hat sie vom Bahnhofsvorplatz geholt, aufopferungsvoll gepflegt und ihr das Querflötenspiel beigebracht. Alle Piercings hat sie sich aus Nase, Braue, Zunge und Fontanelle genommen und Bedürftigen gespendet. Sie wollte für ihn ihr Leben ändern. Nun ist sie tot und Doktor Nordhoff so traurig wie eine regnende Herbstwolke im November bei Nacht. Aber da kommt die gütige Nachtschwester Anna-Maria zu seiner Rettung. Er ist so glücklich und beißt ihr in die großen, bebenden Brüste, dass sie zitternd haucht: »Aua.« Nebenbei rettet sie unzählige Leben unheilbar kranker Kinder. In ihrer Freizeit pflegt sie aufopferungsvoll ein blindes Pony.

Der E-Book-Leser

Ein E-Book ist eine Teufelsmaschine, bestehend aus neuesten Materialien aus der Weltraumforschung, funkensprühenden Kabeln und zuckenden Sicherungen. Bei Fehlbedienung explodiert es!

Der E-Book-Leser ist dem herkömmlichen Bücherleser recht ähnlich, zumindest wenn es um den Inhalt geht. Für die äußere Form ergeben sich jedoch erhebliche Unterschiede.

Ein Buch ist ein Papierstapel (Buchblock) mit Buchstaben drauf. Der Stapel ist an der linken Seite geleimt und zwischen zwei Pappen gepresst, die oft hübsch aussehen. Sie sind meistens mit Gewebe, Leder, Pergament oder Papier bezogen und schützen den Buchblock vor Stößen und Beschädigungen.

Nach zehn Jahren intensiver Labortätigkeit konnten die Entwickler einen Meilenstein erzielen: Das E-Book bekommt keine Eselsohren.

Der E-Book-Leser ist sehr wendig, weil sein technologisches Produkt weniger wiegt als das herkömmliche Buch. Allerdings ist der E-Book-Leser gefährdet, zum Nichtleser zu werden. Ist der Lesestoff einmal in die Badewanne gefallen, kann der analoge Bücherleser die Lektüre auf jeder handelsüblichen Heizung trocknen. Nicht so der E-Book-Leser! Die Daten und Innereien des E-Books werden nass – und damit unbrauchbar. Der badende E-Book-Leser hat allen Lesestoff für immer im Badeschaum verloren.

Bleibt ihm nur der Föhn, um seinem E-Book-leeren Leben ein nasses Ende zu setzen? Oder doch der Rückgriff auf den antiquierten Papyrus?

Vielleicht wird in der Zukunft die herkömmliche Badewanne durch ein elektronisches Device ersetzt, um den technologischen Entwicklungen unserer Zeit gerecht zu werden – statt Wasser und Seife zu benutzen, kann eine digitale Reinigung mit Quietsche-Entchen-App gestartet werden, Klick genügt.

Der Badewannenleser

Der Badewannenleser vergisst alles um sich herum.

Selbst dass er in der Badewanne ist.

Der Strandleser

Der Strandleser liest ausgesprochen gern! Vor allem im Urlaub. Anders als in einer gewöhnlichen Arbeitswoche greift er zu Literatur, für die er sonst keine Zeit hat. Am liebsten liest er dann dicke Schinken!

Der Straßenbahn-Mitleser

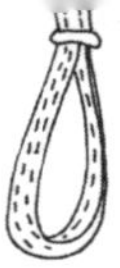

gehört zur Spezies der Schlangenmenschen und wird deswegen oft mit dem Bücherwurm verwechselt. Er kann unterschiedliche Glieder ausfahren, insbesondere den Hals und die Nase, um sie in anderer Leute Lektüre zu stecken. Durch den Straßenbahn-Mitleser

wurde die Buchindustrie sehr schwer getroffen, da dieser Parasit keine eigene Lektüre kauft, sondern die anderer Leser mitverwertet. Wenn es sehr kalt ist, ist der Straßenbahn-Mitleser bei den Damen beliebt, da sein feuchter Atem Hals und Dekolleté wärmt.

Der Kartenleser

Der Kartenleser hat keinerlei Verständnis für Menschen, die keine Karten lesen. Diese Kreaturen sind in seinen Augen Chaoten, die kein Shampoo benutzen und verantwortungslose Hippies, die Haschkekse an Pudelwelpen verfüttern würden.

Seiner Ansicht nach kann nur präzise Vorbereitung und das genaue Studieren eines Lageplans zum Ziel führen; sei es ein Besuch der Ägyptischen Pyramiden, bayrischer Barockkirchen oder bei Tante Else. Ohne ihn würden Ehefrauen verhungern, Kinder in der Wildnis verwahrlosen und die gesamte Menschheit blind umherirren, ohne jemals vom Empire State Building gesprungen zu sein!

Der Leser schmutziger Heftchen

Der Leser schmutziger Heftchen ist ordentlichen Hausfrauen ein Gräuel! Niemand möchte Schmutz dieser Art im Haushalt vorfinden. Der Dreck auf diesen Seiten ist für die anständige Frau kaum zu ertragen. Sie empfindet ihn einfach als widerlich. Hübsche, junge Frauen werden darin verunstaltet, indem ihre reine, zarte Nacktheit besudelt wird; mit Rotweinflecken, Kaffeespritzern, Altbierbowle oder Chili con Carne. Am Ende sind große und kleine Busenfotos verkleckert. Respektloser geht es nicht!

Beim Auffinden führt dieser Mist zu lautstarken Streitigkeiten zwischen Besitzer und Finderin; das

schmutzige Heftchen wandert in den Müll oder ins Kaminfeuer, damit es sich für immer ausgedreckt hat mit diesem ekelhaften Schund!

Ein rücksichtsvoller Sammler dieser Art von Lektüre packt seine schmutzigen Heftchen beiseite: in die Sockenschublade, unter die Matratze oder zwischen die Seiten des großen Bildatlas der Hautkrankheiten. In den schaut niemand gern hinein. Er stellt also nicht nur eine hervorragende Buchstütze dar, sondern auch eine ideale Aufbewahrungshilfe für schmutzige Heftchen. *(Siehe auch: Leser des Großen Bildatlas der Hautkrankheiten.)*

PFUi!
DRECK
BÄH

Der Science-Fiction-Leser

Der Science-Fiction-Leser ist ein Eskapist. Ihm ist unsere heutige Zeit zu langweilig, und alte Zeiten haben sich nicht bewährt. Wer mag schon ohne heiße Dusche, ohne Highspeed-Internet leben oder zu viele Soldaten der Roten Armee in der Familienvilla beherbergen müssen? Wer hatte keinen Vater oder Mutter, die nicht jeden Morgen um sechs Uhr durch meterhohen Schnee zehn Kilometer in die Schule laufen musste? Barfuß!

Nicht nur, dass es keinen Strom gab; es gab auch keinen ÖKOstrom!

Diese Mängel gehören der Vergangenheit an. Aber wie die Zukunft wird, weiß noch keiner. Deswegen ist die Erwartung groß.

Der Science-Fiction-Leser ist Visionär – warum immer nur mit der A-Klasse ins Büro fahren? Sich an den Arbeitsplatz zu beamen macht Spaß, die Ablage bei der Versicherungsgesellschaft kann so noch früher erledigt werden. Der Trend geht außerdem zum Zweit-Ufo, damit auch die Frau und Mutter zweier Außerirdischer ihren Arbeitsplatz als Halbtagsastronautin schnell erreicht.

Dem Science-Fiction-Leser lassen nicht nur neue Güter aus Weltraummaterial das Herz aufgehen, sondern auch der Wunsch nach einer besseren Welt. Mischehen mit grünen, dreiäugigen Marsianerinnen werden keine Seltenheit mehr sein, Mädchen aus Fürstenfeld-Bruck gehen mit Jungs vom Planeten Andromeda IV ins Kino und danach ein ewiges Eis essen. Die Eltern können weiter die »Milchstraße« oder den »Tatort Mond«schauen und müssen die Kinder nicht bei Nacht und Nebel abholen, sondern materialisieren sie per Knopfdruck nach Hause. Einfach galaktisch!

Die Frauenlesegruppe

Die Frauenlesegruppe ist ein Hort der Kontemplation und der intellektuellen Herausforderung. Gerade Frauen können durch ihre Sensibilität und Emotionalität Bücher deuten und sich gegenseitig Mut machen, neue Ideen aufzeigen, Gefühle zu äußern – Intellekt trifft Seele, Hirn trifft Herz.

Gemeinsam beim Gespräch über Literatur ein Tässchen Fencheltee genießen und sich mit GleichgesinntInnen intellektuell stimulieren lassen.

Zum besonderen Ereignis kann die Einladung des Lieblingsautors werden, der seine Schreibkunst durch Lesung und Gespräch teilen kann.

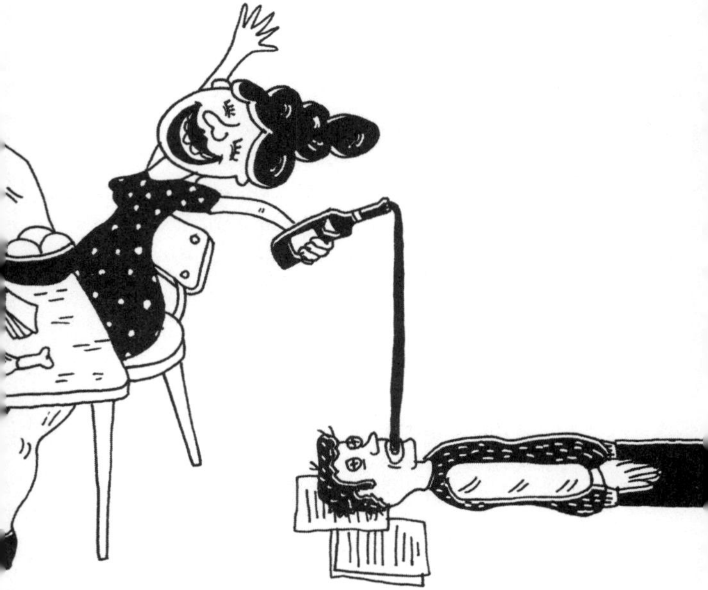

Der Fantasy-Leser

Der Fantasy-Leser mag alte Geschichten, Sagen, Mythen. Allerdings legt er nicht viel Wert auf Wahrheitstreue. Hauptsache, ein paar Elfen sind mit von der Partie. Bei Tieren freut sich der Leser, wenn in seinem Roman mehrere zu einer Art zusammengefügt werden – zum Beispiel beim Pegasus: ein Pferd mit Schwanenflügeln. Man darf gar nicht daran denken, was passiert, wenn bei einer Pegasusattacke Tonnen von Pferdeäpfeln vom Himmel auf die A8 fallen! Während des Berufsverkehrs!

An Praktisches denkt der Fantasy-Leser aber nicht. Hasolöwen, Schweinschwäne, Katzmäuse und Halbdackel erfreuen ihn einfach. Ihm ist es egal, wenn Giraffofanten mit irre langen Rüsseln Hochhausfenster beschnüffeln. Diese hochgewachsenen Monstren werden schließlich durch die vielen winzigen Zwerge ausgeglichen, die gern im Roman verteilt werden. Außerdem gibt es im Fantasy-Roman nur wenige Wolkenkratzer. Man wohnt lieber nostalgisch: in der Burg oder auf dem Schloss.

Haben zu viele Pegasüsse, Pegasen oder Pegasi die Autobahn vollgeäpfelt, kommt ein Zauberer und zaubert die Autobahn weg – man braucht sie sowieso nicht: Kein Druide, kein Weiser und auch kein Orakel würden je die Autobahn befahren! Wozu gibt es verwunschene Pfade mit lebenden Dornen und klebrigem Nebel? Alles andere ist doch langweilig. Und dann immer diese Pegasusäpfel!

Im wirklichen Leben halten Fantasy-Leser sich als Haustier weder Mops noch Pudel, sondern am liebsten einen Hausdrachen.

Der Papiertiger

Der Papiertiger ist das gefährlichste unter den Lesewesen. Er hat Haare auf den Zähnen, sein Knochenbau ist allerdings fragil, da ohne Rückgrat. Er hinterlässt mit seinen Tatzen einen geometrischen Stempelabdruck auf Korrespondenz. So erzeugen die Weibchen Tatzenspuren »Zur Wiedervorlage« und »nach Diktat verreist«. Die Männchen markieren mit »Abgelehnt« oder »Vertraulich«.

Der Papiertiger verschickt am liebsten mehrseitige Dokumente, die er willkürlich adressiert, um Verweigerer seiner Autorität zu bestrafen. Und jeder ist

verdächtig! Allerdings ist der Inhalt der Briefe für die Empfänger meist unverständlich. Sie antworten dem Papiertiger meist frech, mindestens aber inkompetent. Er stempelt daraufhin weitere Dokumente und verschickt sie abermals. Diese werden dann wiederum nicht verstanden und führen zu weiterem Schriftverkehr.

Das geht so lange, bis die Stempelkissentinte aufgebraucht ist. Der Papiertiger muss an einen anderen Papiertiger einen Antrag stellen, was zu einer Verzögerung von siebeneinhalb Monaten führen kann.

PAH!

NEIN

Die Leseratte

So wie schlaue Ratten vor der Nahrungsaufnahme einen Vorkoster schicken, um der armen Versuchsratte vergiftete Speisen zuzumuten, so haben Leseratten eine Vorleseratte, die dafür sorgt, vergiftete Inhalte – wie Mord- und Totschlag – in appetitlicher Form dem Rattenpublikum zu servieren.

Ratten sind wirklich erstaunliche Tiere: Im Allgemeinen lesen sie unwahrscheinlich gern, wenn sie nicht gerade die Pest übertragen oder im Gully ein Bad nehmen.

Abbildung:
gemeine Papyruspflanze
Vorkommen: Blätterwald, Copyshop

Der Freizeitleser

Während andere sich in ihrer freien Zeit abenteuerlustigen Hobbys wie »Joggen mit Robben«, »Kochen mit Rochen« und »Tätowieren von Stieren« widmen, findet der Freizeitleser die Abenteuer zwischen den Zeilen. Das erspart ihm blaue Flecken, aber abnehmen wird er nicht. Aber auch nicht zunehmen! Eine sinnliche Erfahrung kann allein durch seine Gedanken entstehen. Der Freizeitleser kann im Geist am Lagerfeuer Riesenechsen grillen und trotzdem hungrig bleiben. Er kann vom feinen Sandstrand lesen, sich aber in Wirklichkeit auf der Autobahnraststätte Tecklenburger Land Ost befinden. Die Badehose trägt er im Kopf, nicht am Körper. Bei einer Schießerei wird er froh sein, wenn »der Böse« nicht ihn trifft, sondern »den Guten«, der ein andrer ist. Es reicht ihm sich mit dem Helden zu identifizieren, er muss selbst aber keiner sein. Mitleiden ja, aber die Rippenbrüche bleiben zwischen den Buchseiten.

Manche Freizeitleser verbinden das eine mit dem anderen Hobby. Sie fahren zum Beispiel an einen See, tauschen Anzug gegen Badehose, tragen Sonnenmilch auf, gehen planschen und marinieren anschließend Kafkas gesammelte Werke mit Brackwasser und Lichtschutzfaktor 16 mit Kokosduft.

Der Leser dicker Schinken

»Dicke Schinken« sind lange Schmöker, wie der Volkmund gerne sagt, wenn ein Buch sehr opulent gerät. Schmöker oder Schinken – beides sind Genusswaren, die nicht unbedingt erlesen sein müssen. Es geht hier nicht um ein kleines Löffelchen lesbaren Kaviar, sondern um eine große Portion schmackigen Lesestoffes, nahrhaft wie eine Tüte Kartoffelchips. Dick und lang ist der Schinken, unter 7000 Seiten fängt er gar nicht erst an. Der Leser dicker Schinken möchte sich an seinen Seiten festhalten, so lange es geht. Und wie ein Schinken ist die dargebotene Geschichte saftig und würzig. Es geht um was! Dicke Autos, dicke Brüste, dicke Knarren. Kathedralen werden erbaut, Schätze gehoben, Clans zerstört, Familien gegründet. Kinder werden gezeugt, die Enkel zeugen, die Urenkel zeugen, die Ururenkel zeugen, die sich dann gegenseitig erschießen und/oder leidenschaftlich lieben, obwohl's verboten ist. Das funktioniert nicht unter tausend Seiten, und manchmal geht sogar das Papier aus. Der oder die Autorin behilft sich, indem noch ein Band geschrieben wird. Und danach noch einer, und noch einer, undnocheinerundnocheiner. Was soll man auch tun bei komplexen Themen wie dem folgenden: Er fesselt sie, der Knoten muss wieder auf. Dann

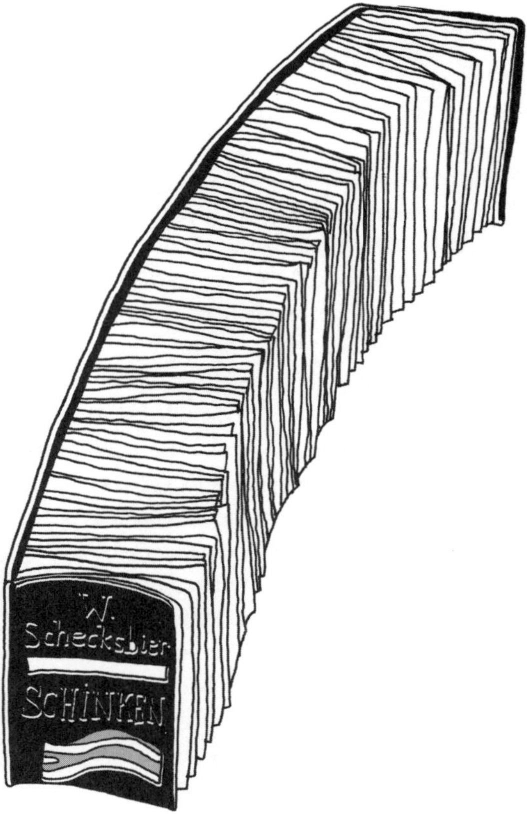

fesselt er sie wieder, der Knoten muss auf. Erneutes Fesseln, der Knoten klemmt. Ah! Jetzt geht er auf. Es wird ein neuer Knoten ausprobiert – wie geht der jetzt auf?

Bumms! Drei Bände voll.

Der solitäre Leser

Der solitäre Leser will seine Ruhe; er möchte beim Lesen unter keinen Umständen gestört werden. Liebend gerne würde er aus den Buchseiten Knöllchen machen und sie sich in die Ohren stecken. Oder ein Buch lesen, das größer und breiter ist als er selber, damit ihn niemand sieht. Das Buch fungiert für ihn als Schutzschild gegenüber den ungeliebten Mitmenschen. Am liebsten liest er Schopenhauer. Der sagte: »All unser Übel kommt daher, daß wir nicht allein sein können.« Das nimmt sich der solitäre Leser zu Herzen und macht es anders, denn (ebenfalls Schopenhauer): »Die Menschen sind wesentlich böse, wesentlich unglücklich, wesentlich dumm.« Wirklich vertrauen kann er niemandem, weil »die Freunde nennen sich aufrichtig, die Feinde sind es.« (dito) Niemals hängt der solitäre Leser bei Küchenpartys herum: »Die Wilden fressen einander – die Zahmen betrügen einander.« Sein Freund ist das Buch.
Selbst Schopenhauer will er nicht sehen.
Der ist ihm nun wirklich zu pessimistisch.

Der Fahrplanleser

Der Fahrplanleser wird of falsch beurteilt. Viele glauben, er sei unwissend, womöglich ein Tourist oder gar zwanghaft und kontrollsüchtig, wie er so staunend und starrend vor dem Fahrplan steht. Ist er darauf bedacht, die optimale Strecke zu finden, keinen Fehler zu machen? Diese Ansicht täuscht. Er ist ganz anders. Der Fahrplanleser ist in Wirklichkeit ein fantasiebegabter Träumer, ein Kunstfreund.

Wie schön die bunten Linien zusammen und wieder auseinandergehen, das Prinzip der Streuung und Ballung veranschaulichen, den Betrachter mit der Farbenpracht verschiedener Linien erfreuen! Wohin fährst du, kleine blaue Linie? Nach Brühl? Nach Bonn? Nach Endstation?

Auch in der Musikgeschichte wurde das Motiv der Linienkunst aufgegriffen. Im Song »Heute fährt die 18 bis nach Istanbul« wird dieses Sehnsuchtsmoment betont. Darin singt Interpret »Jürgen«:

»Heute fährt die 18 bis nach Istanbul, Istanbul, Istanbul.
Wir packen lecker Kölsch ein und den Liegestuhl.«

Die Linienführung sprengt unseren Horizont. Eine sachliche Zahl, die 18, wird zur Reise in die Fantasie. Das klare Raster der Strecke löst sich auf und wird bald schon Ornament des Orients! Bitte einsteigen! Kasten Kölsch und Liegestuhl nicht vergessen.

Der Aus-der-Hand-Leser

»Reich mir deine Hand, Liebling«, sagt die Wahrsagerin im Bett zu ihrem Ehemann, »ich möchte vor dem Einschlafen noch etwas lesen.«

Haha, das war doch schon sehr lustig!

Was hat es also mit dem Aus-der-Hand-Lesen auf sich? In Amerika heißt dieser Berufsstand »Psychic«. Das hört sich an wie Psycho, scheint also spannend zu sein! Und das ist es auch: Die Hand ist für den Aus-der-Hand-Leser Science-Fiction pur. Er liest nicht zwischen den Zeilen, sondern zwischen den Linien. Der Besitzer der Hand ist im Gegensatz zum allwissenden Autor eines Buches nichtsahnend. Überrascht wird er vom Bericht des Aus-der-Hand-Lesers von zukünftigen Lottogewinnen, Pesterkrankungen und Wärmegewittern.

Der Horoskop-Leser möchte Sicherheit. Er kann in seinem Horoskop nachlesen, ob heute der Tag ist, an dem es partnerschaftlich nicht so gut läuft. Das ist wichtig zu wissen, vor allem, wenn Sie Single sind. Wenn Sie von zu Hause aus arbeiten, lohnt es sich zu erfahren, ob ein Plausch mit den vielen Kollegen, die Sie nicht haben, neue Potenziale wecken kann. Genießen Sie den heutigen Tag ruhig und harmonisch, indem Sie relaxen. Nehmen Sie sich Zeit für Ihren Partner oder die Familie und nutzen diese für gemeinsame Unternehmungen, die Sie einander

noch näherbringen. Wenn Sie das nicht tun, wird der Tag nämlich gar nicht harmonisch. Sie sind ja total gestresst! Echt verbittert. Unsympathisch ist das. Sagen Sie Ihrer Frau oder Freundin, dass Sie keine Lust auf gemeinsame Unternehmungen haben. Dann trifft sie sich eben mit dem Nachbarn. Die ganze Nacht lang! Die Kinder werden sich in den Schlaf weinen müssen. Ihretwegen.

Hat Ihnen schon mal jemand gesagt, dass Sie abergläubisch sind?

Schönen Tag auch! Ihr Horoskop

Der Bestseller-Leser

Der Bestseller-Leser reagiert auf Reize. Eine Besonderheit in der Netzhaut vom Bestseller-Leser sind kleine, grüngelblich bis rote Öltröpfchen, die sich im Inneren der Zapfen befinden. Diese Tröpfchen funktionieren wie ein Farbfilter. Da Bestseller-Leser und ihre Vorfahren seit Jahrmillionen aktiv sind, hat sich ihre Fähigkeit, selbst die kleinsten Farbunterschiede wahrzunehmen, immer weiter verfeinert, sodass sie

wahre Meister des Farbensehens sind. Erspähen Sie einen gelben Bestseller!-Aufkleber auf einem Buch, wird Ihr Zentralnervensystem aktiviert und ein Kaufbefehl ausgesandt. Ohne es selbst lesen zu müssen, weiß der Bestseller-Leser, dass das Buch gut sein muss und er den richtigen Kauf getätigt hat. Er trägt das Buch getrost nach Hause und gesellt es zu den anderen Bestsellern.

Der Buchmarkt reagiert auf die Wünsche des Bestseller-Lesers, indem er Bücher entwickelt, die mit noch größeren Bestseller-Aufklebern beklebt werden können. Zusätzlich wurde ein Verfahren erfunden, das Druckkosten spart – die Seiten im Buch bleiben leer.

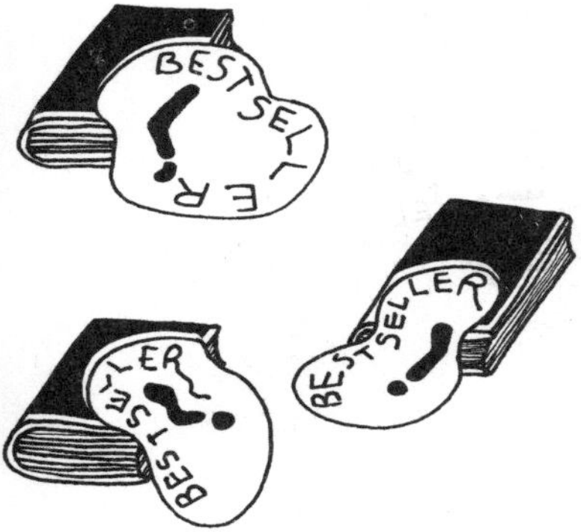

Der Weinleser

Der Weinleser ist gerne in der Natur. Deswegen ist ihm Lesestoff aus natürlichen Materialien am liebsten, besonders, wenn man ihn trinken kann.

Die geernteten Reben kommen in die Weinpresse, die genauso wie die Druckerpresse den Lesestoff presst. Der ist allerdings flüssig und eignet sich hervorragend als Begleiter von erlesener Lektüre.

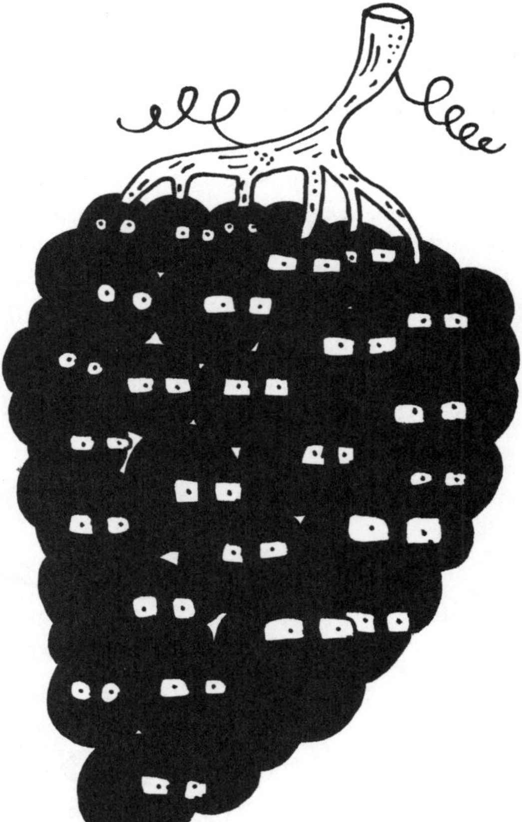

Der Biografien-Leser

Eine Katze hat sieben Leben. Der Biografie-Leser auch; auf seinem Nachttisch. Ob Skandal-Rapper Bushido oder Skandal-Dirigent Karajan, ob Lothar Matthäus oder Helmut Kohl – der Biografie-Leser macht die interessantesten Freundschaften, indem er ein Buch aufschlägt. Untereinander treffen sich diese Menschen aus den Biografien aber so gut wie nie. Das ist wohl auch besser so. Was würde Lothar Matthäus zu Herbert von Karajan sagen? »Lolidda fand Rondo Veneziano subber!« Und Karajan zu Lothar Matthäus? »Lieber Zwölftonmusik als Elfmeter!« Wir werden es nicht erfahren.

Manchmal ist es schade, dass sich die Protagonisten nicht begegnen. Martin Luther King würde zu Martin Luther sagen: »I have a dream!«, Martin Luther würde entgegnen: »Nix english, nur Latein, please.« Beide würden ein Bier zusammen trinken gehen.

Aber wer weiß, ob der Leser nicht durcheinanderkäme, wenn Johann Sebastian Bach auf Dieter Bohlen träfe. Wer weiß denn, wer von beiden gesagt hat: »Alles, was man tun muss, ist, die richtige Taste zum richtigen Zeitpunkt zu treffen.«

Der Andere-Leute-Tagebuch-Leser

Der Andere-Leute-Tagebuch-Leser hat sowohl Dieter Bohlens als auch Arnold Schwarzeneggers Biografie bereits gelesen. Aber leider reichten ihm die Erkenntnisse für eine umfassende Weltsicht nicht aus. Er liest noch Bettina Wulffs »Jenseits des Protokolls«, um eine weibliche Sichtweise auf die Welt zu bekommen – es reicht immer noch nicht. Das Tagebuch der Tochter bietet Abhilfe: Die Sicht auf die Welt aus nächster Nähe. Schön auch, wenn man als Lesender oder Lesende eine Hauptrolle im Werk hat!

Aber was muss man da lesen? »Mama nervt!« »Papa ist sooo spießig!«

So ein Quatsch! Das ist doch inhaltlich vollkommen falsch, denken Sie.

Das ist das Problem bei Tagebüchern. Sie sind irgendwie unerfreulich und voller Lügen. Bei Romanen weiß man ja nicht, ob der Autor lügt, aber bei der eigenen Tochter?

Oder Sie lesen: »Gestern habe ich mit Ronny meine Unschuld verloren. Wurde ja Zeit, nächste Woche werde ich dreizehn. Wir haben nicht verhütet, weil man so jung ja noch nicht schwanger werden kann.«

Über die Nächsten zu lesen (vor allem, wenn es nicht für Ihre Augen bestimmt ist), führt eben nicht zu Nähe und tieferem Verständnis, sondern zu bösen Überraschungen.

Aber vielleicht haben Sie das Glück, dass Ihr Kind ein ganz braves ist:

»Heute habe ich gefrühstückt! Das war voll lecker. In der Schule war es gut. Frau Müller hat uns keine Hausaufgaben gegeben. Zum Mittagessen gab es Nudeln mit roter Soße. Der Nachmittag war normal. Hoffentlich bekomme ich ein Pony zum Geburtstag! Jetzt gehe ich schlafen, es ist schon 20:00 Uhr.«

Herzlichen Glückwunsch! So ein liebes Kind wünscht sich jeder! Aber sein Tagebuch ist leider öde und mopsig. Wie wär's denn mit einem Thriller aus der Buchhandlung?

Der Krimileser

Der Krimileser braucht in seinem Leben Mord und Totschlag. Das Blut des Opfers muss spritzen! Eine vergiftete Schwiegermutter tut es aber auch.

Allerdings zwischen zwei Buchdeckel gepresst (aua, doch nicht wörtlich!).

Das Gute am Krimi: Der Fall wird geklärt, nichts bleibt sinnfrei oder unverborgen. Ein Krimi ist nicht dazu da, dass ich am Ende genauso unwissend dastehe wie zuvor, sondern Antworten bekomme, von Motiven erfahre, Geheimnisse lüfte.

Es ist somit nicht (nur) der Blutdurst des Lesers, sein Gefallen an Spannung, sondern der Wunsch, dass die Erde am Ende des Buches eine bessere ist und die Bösen bestraft werden. Dass im Buch dafür jemand blutrünstig gemeuchelt wird, kann dem Leser nur recht sein. Es ist ja nur eine Geschichte, und die ist zum Glück spannend.

Die Krimidichte auf dem Buchmarkt ist so hoch, dass es bedeuten könnte, dass es in jedem, sagen wir, bayrischen Dorf mindestens einen Mörder gäbe, pro Tag.

Das ist doch auch ein Trost: So viele Kapitalverbrechen wie in Büchern passieren im echten Leben zum Glück nicht.

Der SMS-Leser

Der SMS-Leser ist gern unter Leuten, am liebsten an einem Restauranttisch, und noch lieber, wenn die anderen auch SMS lesen. Blickkontakt ist verpönt und Gespräche auch. Höchstens Laute wie »lol« oder »rofl« geben die SMS-Leser von sich.

In Deutschland gibt es viele solcher Tische, an denen »gelolt« und »gerofelt« wird, denn 55 Milliarden Botschaften verschickten allein deutsche Nutzer im letzten Jahr. Leider leben die SMS-Leser gefährlich. Britische Ärzte haben eine medizinische Diagnose erfunden: der SMS-Daumen, vergleichbar mit dem Tennisarm, und genauso tödlich.

Der Daumen wird dabei so groß wie ein Kürbis. Das ist auch der Grund, weswegen die Größe von Mobiltelefonen ständig wächst, da die Dickdaumen extra große Tasten benötigen. Zum Daumen-, aber nicht zum Sprachverfall kommt es, im Gegenteil.

»Die Zeit« hat untersucht, dass SMS-Leser und -Schreiber kreativ sind. Sie schmücken Textnachrichten gern mit Smileys oder Herzchen, es wird im Dialekt geschrieben, Ausrufezeichen werden aneinandergereiht, neue Wortschöpfungen kreiert. Mehr statt weniger ist die Devise.

Der SMS-Leser will schließlich nicht nur lesen, wann die Liebste nach Hause kommt oder es Essen gibt, sondern gut unterhalten werden. Infogehalt zweitrangig, Hauptsache, amüsant oder liebevoll: Wenn das passiert, antwortet er mit einem beherzten ‹3 !!!!!!! ;-)

Gegen die SMS-Sucht werden inzwischen Kopftrichter eingesetzt, die aus der Veterinärmedizin stammen: Sie halten üblicherweise Hunde davon ab, sich zu kratzen.

Der Blogleser

Der Blogschreiber backt seine Kekse nicht im Ofen, sondern im Internet. Deswegen verbrennen sie nie, können aber von einem trojanischen Pferd zertrampelt werden. Der Blogleser muss die Kekse nicht essen, um sie trotzdem »liken« zu können. Der Blogleser liest auch aus dem Grunde Blogs, damit er sie kommentieren kann: »Hä?«, »Blitzbirne«, »deine Mutter kocht schlecht« und »Bringst du bitte Hefe aus dem Supermarkt mit« sind laut Forsa-Umfrage die gängigsten Kommentare.

Der Blogschreiber (»Blogger«) teilt mit dem Blogleser Aspekte aus seinem Leben oder Meinungen und Tipps zu spezifischen Themen. Ob tantrischer Tanz für Senioren oder Kompostieren für Junggesellen, jeder und jede kann ein Thema finden, das ihn interessiert, erfreut oder ärgert. Aber auch Fotoserien von Reihenhausgaragen in Kleinstädten oder von Designersofas, die das Kind der Freundin aus erster Ehe mit Pimmelzeichnungen aufgepeppt hat, sind Blogthemen, auf die der Blogleser reagieren kann. Am liebsten mag der Blogleser Geschichten und Fotos von Kätzchen. Kätzchen kuschelt mit Häschen, Kätzchen im Tyrannosaurus-Rex-Kostüm, Kätzchen zerfetzt des Lovers Gucci-Anzug, Kätzchen beißt Kanarienvogel Hansi den Kopf ab – Hauptsache süß!

Gedanken, Erfahrungen und Informationen werden nicht nur konsumiert, sondern es kommt zum Austausch zwischen Schreibenden und Lesenden. Manche Blogger besuchen sich in der virtuellen Welt, manche freunden sich sogar privat an und gehen ein Bier miteinander trinken. Manche verlieben sich, bekommen Kinder miteinander, die dann wiederum einen Blog über den Blog ihrer Eltern schreiben, usw., usw.

Der Leser von Sachbüchern

Der Russe Sergej Tretjakow nannte das Sachbuch »Biographie des Dings«. Eine lustige Vorstellung:

»Auto wurde 1980 ab Werk geboren. Es lief direkt vom Band. Es führte ein Leben auf der Überholspur. 1998 fuhr Auto gegen die Wand. Seitdem gehört es zum alten Eisen.«

Der Leser von Sachbüchern interessiert sich nicht für Erfundenes, sondern für Fakten. Er glaubt, daraus einen praktischen Nutzen ziehen zu können. Was ist »Anna Karenina« gegen die Erkenntnis, dass Pizza vor Herzinfarkt schützt? Dass Fleischesser häufiger Zwillinge bekommen? Dass der Mensch im Laufe seines Lebens circa eine Badewanne vollweint? Insbesondere der Anna-Karenina-Leser!

Zu fast jedem Thema gibt es ein Sachbuch oder sogar mehrbändige Werke, zum Beispiel darüber, wie man Wein richtig genießt und – in Band zwei – wie man wieder von ihm loskommt. Nützlicher geht es kaum!

Der Leser von Ratgebern

Ein Ratgeber gehört ebenfalls zu den Sachbüchern. Die Leser von Ratgebern haben Fragen, die weder sie noch die Familie noch Freunde so gut beantworten können, wie ein Ratgeberbuch.

Wichtig ist die Reihenfolge, in der man Ratgeber liest.

»Wieso verliebt sich niemand in mich«, kommt vor »Hilfe, mein Freund ist eine Blitzbirne!«, vor »Wie werde ich den Hornochsen los«.

Das Buch »Wie werde ich erfolgreich erfolgreich« kommt vor »Burn-Out – ich schmeiße alles hin und werde Tauchlehrer«.

Manches widerspricht sich: »Befreie dich selbst!« ist für ein anderes Klientel geschrieben als »Fessle mich – Spiele für Erwachsene«.

Vielleicht wird es bald keine Ratgeber mehr geben. Sobald alle das Buch gelesen haben: »Ohne Ratgeber leben. Der schwierige Weg, Aufgaben alleine zu lösen«.

Der Frauenzeitschriftenleser

Frauenzeitschriftenleser sind männlich. Sie versuchen, Frauen besser zu verstehen. In der Realität sind sie dann oft irritiert, wenn die Frau an ihrer Seite bei der Liebesschnulze nicht weint, sondern hämisch lacht. Wenn sie die »Dekotipps für die harmonischen Feiertage« nicht beherzigt. Oder wenn sie perfekt einen Unimog einparkt. Und danach lieber biertrinkend Fußball schaut, anstatt mit Freundinnen

beim Malventee über die neue Pfirsichkerndiät zu sprechen. Der schlimmste Schock für ihn: Wenn die Frau ihm mitteilt, dass sie nicht viel von Frauenzeitschriften hält und lieber die Börsenkurse liest. Das stürzt den Mann in eine Identitätskrise. Viele Frauenzeitschriftenleser kaufen sich dann heimlich Frauenkleider und verkleiden sich, wenn sie allein sind, als Angela Merkel.

Der Leser von Speisekarten

Der Speisekartenleser nutzt die Speisekarte nicht nur als Mittel zum Zweck, also zur Wahl einer schmackhaften Mahlzeit, sondern sucht nach sprachlicher Erbauung.

Kleinere Tippfehler wie »Lachserstatz« und »Titenfischringe« machen ihm die größte Freude.

Er ist ein Soziologe, wie er nach Verzehrbarem sucht, welches weit mehr ist als zukünftiger Mageninhalt:

Ein entkoffeinierter Cappuccino mit Sahne mit von afrikanischen Katzen verdauten Bio-Kaffeebohnen gebrüht und laktosefreier Halbfett-Sojamilch verfeinert, ist für ihn der Verweis auf unsere postindustrielle Gesellschaft: Urban, dennoch naturverbunden und hedonistisch in seiner Nachhaltigkeit.

Auch ästhetisch wird einiges geboten: ein vergilbtes Bild vom Kinderschnitzel Pinocchio mit Salatgarnitur sieht schön aus und ist so nostalgisch!

Der Speisekartenleser wird sowohl visuell als auch haptisch angesprochen.

Und wie aufregend fassen sich die kunstledernen Einbände an: Gebrauchsplastik, das von den vielen Fingern hungriger Gäste etwas klebt. Es kann nur der Beweis dafür sein, wie beliebt das Lokal bei den Gästen ist. Bon appétit.

Der Leserbriefleser

Der Leser von Leserbriefen liest gerne, was andere Leser zu Gelesenem schreiben. Wenn der Leser von Leserbriefen möchte, kann er einen Leserbrief zu einem Leserbrief schreiben, um ihn dann später abermals zu lesen. Das ist dann ein Leserleserbrief, und er ein Leserleserbriefleser. Oder ein Leserbriefleserleser? Hm …

Der Comicleser

Der Comicleser hat schon seit frühester Kindheit seine Liebe zu sequentiellen Bildergeschichten entdeckt. Noch im Krabbelalter hat er die Ornamente von Orientteppichen zu Geschichten verknüpft und spannende Thriller über Verfolgungsjagden in der Tempo-30-Zone auf deutschen Verkehrsschildern gelesen.

Bis ihm nur ein Bild auf einmal zu wenig wurde – es mussten mehrere Bilder her, nebeneinander und untereinander, in kleinen Kästchen.

Denn nicht nur in der Schrift, sondern auch in Bildern und Bildsequenzen können gute Erzählungen und Gedanken stecken. Das wird oft verkannt. Nur schwer bessert sich der Ruf der Comics, (auch Graphic Novels, also visuelle Romane genannt), auch wenn schon der renommierte Pulitzer Preis für Comics (an Art Spiegelmans »Maus«) verliehen wurde, und viele andere Literaturpreise bereits an die gezeichneten Geschichten ging.

Es wird endlich Zeit, Popeye und Hägar ernst zu nehmen, schließlich wurde auch Arnold Schwarzenegger zum Gouverneur von Kalifornien gewählt!

Der Vorleser

Der Vorleser teilt gern. Wenn er Geschichten laut vorliest, haben andere auch etwas davon.

Er ist der Missionar unter den Lesern, denn wer gerne Geschichten hört, fängt bald selbst an zu lesen und vorzulesen. So wird es immer Lesenachwuchs geben.

Es war einmal ein Leser, der zog aus, ein Märchen zu finden. Sein Weg führte ihn durch einen dunklen Blätterwald. Da kam ein listiger Buchhändler daher, sah den Leser suchen und sprach spöttisch zu ihm: »Herr Leser, wie sucht Ihr doch so gemächlich? Wisst Ihr nicht, wonach Euch gelüstet? Oder wann gedenkt Ihr, Euch für ein Buch zu entscheiden? Dieser Ratgeber mit Steuertipps kostet nur 39 Gulden! Und jene Krimi-Zehnerreihe hat den Schundpreis 2013 gewonnen!«

Doch der Leser war gar nicht dumm und antwortete alsbald dem listigen Verkäufer: »Herr Händler, Ihr kennt meine Natur nicht. Ich bin edel und wert, ich lese dickere Bücher und feinere Sprache, als Ihr mir empfehlen könnt!«

Da verwandelte sich der Buchhändler in das Mädchen mit den Schwefelhölzern. Es zündete eines an und verwandelte sich in einen Frosch.

Da kam ein weiteres Mädchen mit einer roten Kappe, küsste den Frosch, der sich daraufhin in ein großes Buch verwandelte. Auf dem Einband stand geschrieben: »Die schönsten Märchen«.

Sogleich tat sich der Leser gütlich an den wundersamen Geschichten.

Und wenn sie nicht gestorben sind, dann liest der Märchenleser seine Märchen noch heute. Aber den bösen Blätterwald mit den Steuerratgebern betrat er nie wieder. Er wurde von einem mächtigen Konzern abgeholzt und beherbergt heute eine Online-Buchhandelskette.

Der Statistikenleser

Der Statistikenleser trägt zu 40 % ein Hemd, zu 10 % einen Pullunder und zu 47 % eine Hose. Die übrigen 3 % fallen auf Socken und Slip. Letzterer muss bei 40 % gewaschen werden. Mit einer Wahrscheinlichkeit von 23 % trägt er Ärmelschoner. Laut Umfragen in der Bevölkerung wird angenommen, dass der Statistikenleser ein Pedant sei (52 %), 35 % halten ihn für langweilig.

Seine Leibspeise ist die Tortengrafik. 68 % aller Statistikenleser sind glücklich verheiratet. Mit den Aktienkursen der »FAZ«.

1000
500
300
200
100
50
25
20
15
10
5

Der Buchrücken-bei-Freunden-Leser

Das Buchrückenlesen beim Besuch von Freunden ist wie der Vergleich mit dem Duschnachbarn im Fitnessstudio. Knackpo oder Runzelarsch? Ein Wettbewerb, nur ein wenig intellektueller.

Es geht um »Mein Haus, mein Auto, mein Boot, meine Bücher.«

Wie viel Lesestil hat der neue Typ von der liebsten WG-Mitbewohnerin?

Liest er »Moppel-Ich« oder »Die Angst des Torwarts vorm Elfmeter«? Mag er Pflanzen? (»Bachblüten gegen die Depression«) Aufsteigerromane? (»Hanni

und Nanni lernen Kickboxen«) oder Wissensbücher? (»Goethe, Schiller, Heine: Zitieren wie ein Bildungsbürger«) Ist ihm Gesundheit wichtig? (»Völlegefühl und Nahtoderfahrung«). Widmet er sich der Lyrik? (»Zickezacke, Hühnerkacke – Gedichte zu festlichen Anlässen«).

Oder interessiert er sich für Wissenschaft und Architektur? (»Pyramiden – Urahnen der UFOs«).

Wichtig auch: Wie viele Buchrücken gibt es? Nicht nur die Qualität der Bücher liefert Aufschluss über die Besitzer, auch die Quantität.

Aber wer will so konkurrent sein und sich über den Buchgeschmack anderer mokieren? Am Ende zählen nur die inneren Werte. Nehmen Sie die Bücher der Freunde ruhig in die Hand! Von IKEA wissen wir, dass Bücher hohl sein können, schnöde Pappattrappen. Wer diese Bildungsdeko-Elemente sinnvoll nutzen möchte, kann darin Ginflaschen unterbringen, Heftpflaster und Nähzeug, Koks, schrumpelige Äpfel oder die Benjamin-Blümchen-Kassetten, die man einfach nicht wegschmeißen kann.

Der Leser von Kinderbüchern ist ein Kind. Falsch; nicht nur! Viele Erwachsene lesen gerne Kinder- und Jugendbücher. Meine Mutter hat mit Begeisterung Jugendbücher gelesen, von der ich ganze Stapel aus der Schulbibliothek mitbrachte. Ich konnte sie dann laut auf der Terrasse lachen hören, während ich im Kellerverlies auf die Lektüre warten durfte und sie das Totschlagargument »Du musst erst Hausaufgaben machen!« lieferte. Aber doch nicht drei Wochen lang.

Es steckt viel Wahrheit und Poesie in guter Kinderliteratur.

Autorin Astrid Lindgren beschreibt ein glückliches Aufwachsen von Kindern, die ihren eigenen Kopf haben, Erich Kästners rührende und fantasievolle Geschichten handeln immer auch von zwischenmenschlichen Beziehungen; zwischen Eltern, zwischen Lehrern und Schülern, zwischen groß und klein und davon, wie sie sich gegenseitig bereichern.

Der Leser von Kinderbüchern ist eben nicht einfach gestrickt. Er mag statt harter Fakten lieber Geschichten und erklärt sich so die Welt. Nicht kindisch, sondern intelligent ist er, wenn ihn die kleine Raupe Nimmersatt lehrt, auf ausgewogene Ernährung zu achten. Wenn in Michael Endes Roman »Momo« der Leser merkt, wie wichtig es ist, seine Zeit bewusst zu genießen, da er sieht, wie die grauen Herren die Zeit stehlen, die andere Menschen zu sparen versuchen. Ist es einfach nur ein Jugendbuch oder eine philosophische Parabel auf die Auswirkungen, wenn allein Geld zum Maß aller Dinge gemacht wird – Substanz findet sich nicht nur und schon gar nicht immer in der Erwachsenenliteratur. Wenn der Kinderbuchleser dann Lust auf einen spannenden Krimi hat, kann er den Räuber Hotzenplotz lesen. Der hat Großmutters Kaffeemühle gestohlen!

Die Autorin

Juliane Pieper, geboren 1975 in Stuttgart, konnte bereits im Mutterleib lesen.

Ihre Mutter versorgte sie deshalb über die Nabelschnur mit Büchern, die für Baden-Württemberg als Abiturthema festgesetzt waren, und dem Band »Reparaturen an Hubwagen und Traktoren – einfach erklärt«. Der war allerdings ein Versehen.

Piepers Lesekenntnisse reichten seither aus, um in London, Trier, Berlin und New York Germanistik, Politikwissenschaften, Kommunikationsdesign und Illustration zu studieren. Sie hat diese Fächer extra gewählt, um ein persönliches Zeichen gegen Geldgier zu setzen, denn nichts ist brotloser. Das belegen drei Magister, zwei Diplome und ihr Bankkonto.

Sie wird diese im Jahr 2029 im MOMA New York zusammen mit ihren liebevoll gepflegten Balkonblumen ausstellen.

2036 soll sie am Brandenburger Tor vom Bundespräsidenten der Bundesrepublik Deutschland zur Illustratorin des Jahres ernannt werden. Wenn alles klappt.

Sie arbeitet von Berlin aus als freiberufliche Illustratorin für Zeitungen und Verlage sowie als Autorin, u. a. für die »taz« und »Das Magazin«. 2010 erschien von ihr der Abreißkalender »Welttage 2011 – 365 bedeutende und originelle Jahres- und Gedenktage« bei Heyne. Im Frühjahr 2011 veröffentlichte sie im Reclam Verlag den Band »Der Hund ist ein Zweidrittelmensch. Hunde in Brehms Tierleben«.

Sie spielt Fagott im berühmten Blasorchester Zentralkapelle Berlin e.V. und trinkt während der Proben gerne Bier. Und kochen kann sie!

Happy End